O Gambá

Neide Simões de Mattos
Suzana Facchini Granato

Ilustrações
Rubens Matuck

São Paulo / 2010
BIRUTA

Projeto gráfico e editoração eletrônica • Casa Rex
Revisão • Beatriz Crespo Dinis
Coordenação Editorial • Editora Biruta

1ª edição – 2010

Dados Internacionais de Catalogação na Publicação (CIP)
(Câmara Brasileira do Livro, SP, Brasil)

Mattos, Neide Simões de
O gambá / Neide Simões de Mattos, Suzana Facchini Granato ; ilustrações Rubens Matuck -- São Paulo : Biruta, 2010.

ISBN 978-85-7848-049-3

1. Literatura infantojuvenil I. Granato, Suzana Facchini. II. Matuck, Rubens. III. Título.

10-03700 CDD-028.5

Índices para catálogo sistemático:
1. Literatura infantil 028.5
2. Literatura infantojuvenil 028.5

Edição em conformidade com o acordo ortográfico da língua portuguesa.

Rua Coronel José Euzébio, 95 – Vila Casa 100-5
Higienópolis – CEP 01239-030
São Paulo – SP – Brasil
Tel (011) 3081-5739 Fax (011) 3081-5741
E-mail biruta@editorabiruta.com.br
Site www.editorabiruta.com.br

Impressão e acabamento: Yangraf Gráfica e Editora

6

O gambá é um animal que consegue viver muito bem nas matas e nas cidades.

Ele se movimenta com grande facilidade pelas árvores e telhados.

O gambá dorme escondido durante o dia. À noite, ele sai para procurar comida.

Quase tudo serve como alimento para o gambá. Ele gosta de frutas, ovos, insetos, lagartos, cobras...

As latas de lixo e os galinheiros são as grandes atrações para os gambás quando eles visitam as casas e os sítios.

Os gambás precisam ter muito cuidado nos quintais. Os cães são seus grandes inimigos.

Quando precisa se proteger,
o gambá solta um cheiro tão ruim
que espanta os outros animais.

Às vezes ele se defende ficando bem quieto, fingindo que está morto.

O gambá sai à procura de uma companhia nas noites quentes de primavera.

Muito namoro acontece e as fêmeas ficam prenhes. Em pouco tempo, elas serão mães.

No forro do telhado ou
nos ocos das árvores,
lugares secos e seguros,
nascem os filhotinhos.

Os filhotes são cegos e indefesos! Mesmo assim, eles se arrastam pela barriga da mãe até a bolsa protetora, que é chamada de marsúpio.

O marsúpio é formado por uma dobra da pele. Dentro dele ficam as mamas.

Agarrados às tetas, os filhotes mamam por mais de 2 meses.

Já crescidos e espertos, os gambazinhos começam a se aventurar fora da bolsa.

Com o passar dos dias,
os filhotes ganham
coragem para enfrentar
os perigos do mundo.

Agora é cada um por si!
O gambá é um animal
que vive sozinho.

Quando chegar a
primavera, cada um
dos filhotes vai procurar
uma companhia.

Novos casais vão se formar nas noites quentes.

A história se repete:
novos filhotes nascerão...

As autoras

NEIDE SIMÕES DE MATTOS nasceu em São Joaquim da Barra, São Paulo, em 1936. Desde criança dizia que queria estudar Biologia, pois se encantava com os animais e com as plantas. Formou-se em Ciências Biológicas pela USP e, durante 30 anos, lecionou Ciências e Biologia. Sempre valorizou as aulas práticas e as excursões para estudo do meio ambiente. Desde a década de 1980 escreve livros didáticos e paradidáticos. Atualmente aposentada, continua escrevendo, para passar às novas gerações o que constitui seu maior interesse: o prazer da observação da natureza.

SUZANA FACCHINI GRANATO nasceu em São Paulo, em 1959. É bióloga formada pelo Instituto de Biociências da Universidade de São Paulo (USP) e, desde 1979, trabalha como professora de Biologia e educadora ambiental.
Há mais de 30 anos leva alunos e amigos para lugares do Brasil onde a natureza é a grande atração – Amazônia, Chapada dos Veadeiros, Chapada Diamantina, Chapada dos Guimarães, Ilha Grande, Paraty, Abrolhos e PETAR. Suzana começou a escrever paradidáticos em 1991 e é autora de mais de 20 livros.

O ilustrador

RUBENS MATUCK é ilustrador, artista plástico e escritor. Publicou pela Editora Biruta os títulos da série Natureza Brasileira, sobre animais em extinção, e títulos sobre os ecossistemas brasileiros. Matuck recebeu, entre outros prêmios, o Jabuti de Melhor Ilustração de Livro Infantil (1993), o prêmio do Salon Du Livre de Jeunesse (Paris, 1992) e o selo Altamente Recomendável (FNLIJ, 2004).